essentials

essentials liefern aktuelles Wissen in konzentrierter Form. Die Essenz dessen, worauf es als „State-of-the-Art" in der gegenwärtigen Fachdiskussion oder in der Praxis ankommt. *essentials* informieren schnell, unkompliziert und verständlich

- als Einführung in ein aktuelles Thema aus Ihrem Fachgebiet
- als Einstieg in ein für Sie noch unbekanntes Themenfeld
- als Einblick, um zum Thema mitreden zu können

Die Bücher in elektronischer und gedruckter Form bringen das Expertenwissen von Springer-Fachautoren kompakt zur Darstellung. Sie sind besonders für die Nutzung als eBook auf Tablet-PCs, eBook-Readern und Smartphones geeignet. *essentials:* Wissensbausteine aus den Wirtschafts-, Sozial- und Geisteswissenschaften, aus Technik und Naturwissenschaften sowie aus Medizin, Psychologie und Gesundheitsberufen. Von renommierten Autoren aller Springer-Verlagsmarken.

Weitere Bände in dieser Reihe http://www.springer.com/series/13088

Karin Nickenig

Umkehrung der Steuerschuldnerschaft

Aufbau sowie Sinn und Zweck der Sonderregelung

Karin Nickenig
Mülheim-Kärlich, Deutschland

ISSN 2197-6708 ISSN 2197-6716 (electronic)
essentials
ISBN 978-3-658-18361-5 ISBN 978-3-658-18362-2 (eBook)
DOI 10.1007/978-3-658-18362-2

Die Deutsche Nationalbibliothek verzeichnet diese Publikation in der Deutschen Nationalbibliografie; detaillierte bibliografische Daten sind im Internet über http://dnb.d-nb.de abrufbar.

Springer Gabler

Gedruckt auf säurefreiem und chlorfrei gebleichtem Papier

Springer Gabler ist Teil von Springer Nature
Die eingetragene Gesellschaft ist Springer Fachmedien Wiesbaden GmbH
Die Anschrift der Gesellschaft ist: Abraham-Lincoln-Str. 46, 65189 Wiesbaden, Germany

Was Sie in diesem *essential* finden können

- Verständlicher Einstieg in die komplexe gesetzliche Vorschrift
- Zahlreiche Beispiele
- Hintergrundinformation zum § 13b UStG zwecks besseren Verständnisses

Vorwort

Dieses *essential* soll sowohl dem Laien als auch dem Praktiker einen Einblick in die komplexe und in der Praxis häufig anzuwendende Vorschrift des § 13b UStG „Umkehr der Steuerschuldnerschaft" liefern. Der Leser findet neben Hinweisen zur Sinnhaftigkeit dieser Regelung Informationen zum Aufbau der gesetzlichen Vorgabe und zahlreiche Beispiele – auch mit Bezug zum Umsatzsteuer-Anwendungserlass (AEAO).

Um einen besseren Einstieg in das Thema zu liefern, wird zunächst das inländische System der Umsatzsteuer mit einigen grundlegenden Begriffsdefinitionen vorgestellt.

Vorab ein wichtiger Hinweis: Dieses *essential* ersetzt keinen Besuch beim steuerlichen Berater!

Karin Nickenig

Inhaltsverzeichnis

Umkehr der Steuerschuldnerschaft (§ 13b UStG)

Die Vorschrift des § 13b UStG, welche die „Umkehr der Steuerschuldnerschaft"
thematisiert, ist aus dem unternehmerischen, umsatzsteuerlichen Alltag kaum
noch wegzudenken.

Sie wurde im Jahr 2002 eingeführt, um Steuerausfälle (z. B. durch Betrug,
Insolvenz) zu vermeiden bzw. diese möglichst gering zu halten.

Denn: die Umsatzsteuer ist eine der wichtigsten Steuerarten, wenn nicht die
wichtigste Steuerart. Sie trägt zu fast einem Drittel der gesamten Steuereinnah-
men in der Bundesrepublik Deutschland bei.

Hinweise zur Höhe der Umsatzsteuer am gesamten Steueraufkommen und die
Aufteilung der Umsätze nach Wirtschaftszweigen im Jahr 2015 können der Web-
site des Statistischen Bundesamtes entnommen werden. Hierzu existiert die vor
Kurzem veröffentlichte Pressemitteilung Nr. 058 vom 17.02.2017.[1]

Die „Umkehr der Steuerschuldnerschaft" ist auch unter „Reverse Charge"
bekannt. Bei diesem Verfahren wird grundsätzlich der Leistungsempfänger zum
Steuerschuldner. Das bedeutet, dass der Leistungsempfänger die Umsatzsteuer für
den leistenden Unternehmer anmeldet, abführt und diese im Falle der Vorsteuerab-
zugsfähigkeit (des eigenen Unternehmens) wieder vom Finanzamt zurückfordert.

Es wird auch bei „Reverse-Charge-Fällen" die umsatzsteuerliche Ordnungs-
mäßigkeit einer Rechnung gefordert, damit der Vorsteuerabzug aufseiten des
Leistungsempfängers erfolgen kann. Der Aussteller der Rechnung (also der leistende Unternehmer) weist in seiner Rechnung stets Nettobeträge mit Hinweis auf
§ 13b UStG aus. Wird vom Aussteller der Rechnung nicht auf die Umkehr der

---

[1]https://www.destatis.de/DE/PresseService/Presse/Pressemitteilungen/2017/02/PD17_
058_733.html; Abrufdatum: 28.03.2017.

© Springer Fachmedien Wiesbaden GmbH 2017
K. Nickenig, *Umkehrung der Steuerschuldnerschaft*, essentials,
DOI 10.1007/978-3-658-18362-2_1

Steuerschuldnerschaft hingewiesen, ist dieses dennoch vom Leistungsempfänger zu erkennen und bei Erstellung der Umsatzsteuer-Voranmeldung zu berücksichtigen.

Um die Wichtigkeit dieser Vorschrift (§ 13b UStG) darzustellen und ein besseres Verständnis für das komplexe umsatzsteuerliche System zu ermöglichen, wird im nächsten Kapitel zunächst das inländische System der Umsatzsteuer in allgemeiner Form dargestellt. Hiernach erfolgt die schrittweise Betrachtung der einzelnen Absätze des § 13b UStG unter Zuhilfenahme des Umsatzsteuer-Anwendungserlasses (UStAE).

Exkurs: Inländisches Umsatzsteuersystem

2

Das inländische Umsatzsteuersystem ist dadurch geprägt, dass die Umsatzsteuer durchgereicht wird, bis zum Endverbraucher, welcher sich diese nicht als Vorsteuer zurückfordern kann.

Die Umsatzsteuer gehört zur Gruppe der **indirekten Steuern,** wo Steuerschuldner und Steuerträger unterschiedliche Personen sind. Steuerschuldner sind Personen, welche gegenüber dem Finanzamt die Steuererklärungen abgeben und die Steuern zum Fälligkeitstermin entrichten müssen. Steuerträger sind hingegen Personen, welche die Umsatzsteuer wirtschaftlich tragen und von dieser finanziell belastet sind.

Die Umsatzsteuer ist auch als Mehrwertsteuer bekannt. Sie besteuert die Wertschöpfung auf jeder Wirtschaftsstufe, wie nachfolgendes Schaubild zeigt (Abb. 2.1):[1]

Die Umsatzsteuer gehört zur Gruppe der Gemeinschaftssteuern. Hierzu zählen sämtliche Steuerarten, welche Bund, Länder und Gemeinden gemeinschaftlich zustehen.

Weitere Informationen zum System der Umsatzsteuer können Sie dem Praxislehrbuch Steuerrecht (Autorin: Karin Nickenig), Springer 2017 entnehmen.

---

[1]Entnommen aus: Nickenig, Karin: Praxislehrbuch Steuerrecht, Springer, 2017.

© Springer Fachmedien Wiesbaden GmbH 2017
K. Nickenig, *Umkehrung der Steuerschuldnerschaft,* essentials,
DOI 10.1007/978-3-658-18362-2_2

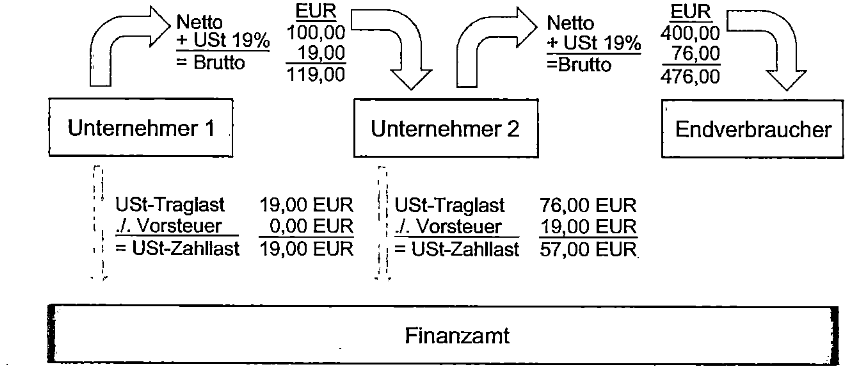

Abb 2.1   Umsatzsteuer-System im Inland

Aufbau des § 13b UStG **3**

Der Aufbau des § 13b UStG ist sachlich sicherlich nicht logisch, wenn man sich nachfolgende Darstellung anschaut. Um jedoch in diesem *essential* einen roten Faden zu gewährleisten, wird im Folgenden unter Beibehaltung der gesetzlichen Reihenfolge, jeder einzelne Absatz des § 13b UStG betrachtet.

Hier zunächst ein kurzer Überblick:

§ 13b UStG umfasst insgesamt zehn Absätze. Begonnen wird im Absatz 1 mit dem Hinweis auf die **Steuerentstehung der im Inland steuerpflichtigen sonstigen Leistungen gemäß § 3a (2) UStG** eines im übrigen Gemeinschaftsgebiet ansässigen Unternehmers.

Absatz 2 zählt eine Reihe von steuerpflichtigen sonstigen Leistungen auf, bei denen die **Steuer mit Ausstellung der Rechnung entsteht.** Diese einzelnen Leistungen werden weiter unten betrachtet.

Absatz 3 bezieht sich auf die Steuerentstehung bei **sonstigen Leistungen,** welche **dauerhaft,** also für einen längeren Zeitraum als 1 Jahr erbracht werden.

Die **Steuerentstehung bei Anzahlungen/Vorauszahlungen** vor Erbringung der unter § 13b UStG fallenden Leistungen sind Bestandteil des Absatzes 4.

Absatz 5 beschäftigt sich mit der **Steuerschuldnerschaft des Leistungsempfängers,** wobei hier auch auf einzelne Unternehmereigenschaften eingegangen wird.

Werden bestimmte, im Absatz 6 aufgeführte, **Leistungen** (z. B. Personenbeförderung) **durch einen im Ausland ansässigen Unternehmer** erbracht, so handelt es sich um Ausnahmefälle im Rahmen des § 13b UStG.

Absatz 7 beinhaltet Hinweise zu **Unternehmern,** die entweder im **Ausland** oder im übrigen **Gemeinschaftsgebiet** ansässig sind.

Absatz 8 führt zwei **Ausnahmen** hinsichtlich der Berechnung von Steuern auf, die nicht dem § 13b UStG unterliegen.

© Springer Fachmedien Wiesbaden GmbH 2017
K. Nickenig, *Umkehrung der Steuerschuldnerschaft,* essentials,
DOI 10.1007/978-3-658-18362-2_3

Absatz 9 beschäftigt sich mit der Bestimmung des Steuerschuldners durch das Bundesamt für Finanzen (BMF) zur **Vereinfachung des Steuerverfahrens.**

Abschließend wird im Absatz 10 auf die Möglichkeit der **Erweiterung des Anwendungsbereiches** im Rahmen der Umkehr der Steuerschuldnerschaft durch das Bundesministerium der Finanzen eingegangen.

In den nachfolgenden Abschnitten dieses Kapitels werden die einzelnen Absätze des § 13b UStG der Reihe nach betrachtet.

3.1 Steuerpflichtige sonstige Leistungen im Sinne des § 13b (1) UStG

Im Absatz 1 des § 13b UStG wird darauf hingewiesen, dass die Steuer für die im Inland erbrachten steuerpflichtigen **sonstigen Leistungen** eines im übrigen **Gemeinschaftsgebiet** ansässigen Unternehmers mit Ablauf des Voranmeldungszeitraums entsteht, in dem die Leistungen ausgeführt worden sind.

So auch der Original-Gesetzestext:

§ 13b UStG – Leistungsempfänger als Steuerschuldner

(1) Für nach § 3a Absatz 2 im Inland steuerpflichtige sonstige Leistungen eines im übrigen Gemeinschaftsgebiet ansässigen Unternehmers entsteht die Steuer mit Ablauf des Voranmeldungszeitraums, in dem die Leistungen ausgeführt worden sind.[...] [1]

„Sonstige Leistungen" sind gemäß § 3 (9) UStG Leistungen, die in einem **Tun, Dulden** oder **Unterlassen** bestehen können. Hierzu zählen beispielsweise Dienstleistungen, kurzfristige Vermietungsleistungen o. ä.

Erbringt ein Unternehmer, welcher im übrigen EU-Gemeinschaftsgebiet (z. B. Frankreich) ansässig ist, eine im Inland (§ 1 (2) UStG) umsatzsteuerpflichtige Leistung vorgenannter Art (z. B. Unternehmensberatung), so entsteht vonseiten des Staates der Steueranspruch **mit Ablauf des Voranmeldezeitraums,** in dem die Leistung im Inland ausgeführt wurde.

Es greift hier die **Umkehr der Steuerschuldnerschaft.** Das bedeutet, dass der (inländische) Leistungsempfänger die Steuer des leistenden Unternehmers im Rahmen seiner Umsatzsteuer-Voranmeldung anmeldet und bei vorliegender Vorsteuerabzugsberechtigung, diese Steuer auch wieder als Vorsteuer von der Finanzbehörde zurückfordert. Denn: die Vorsteuer ist eine Forderung gegenüber der Finanzbehörde.

Zum besseren Verständnis ein einfaches Beispiel zu Absatz 1:

Beispiel zu § 13b (1) UStG „Steuerpflichtige sonstige Leistungen im Inland"
Unternehmensberater F (Paris, Frankreich) berät in München einen Unternehmer
D (München, Deutschland) in der Angelegenheit „Neue Unternehmensstruktur".

Es handelt sich bei der Beratungsleistung um eine im Inland steuerpflichtige sonstige Leistung (§ 3a (2) UStG).

Die Steuer entsteht mit Ablauf des Voranmeldungszeitraums, in dem die
Leistung ausgeführt wurde.

Im Rahmen des Reverse-Charge-Verfahrens muss D die Umsatzsteuer
auf diese Leistung in seiner Umsatzsteuer-Voranmeldung angeben und kann
diese bei Vorliegen aller übrigen Voraussetzungen auch wieder als Vorsteuer in
Abzug bringen.

F stellt eine Rechnung ohne Umsatzsteuer aus. Diese muss jedoch den Hinweis
auf die „Umkehr der Steuerschuldnerschaft" gemäß § 14a (5) UStG beinhalten.

Wer als Leistungsempfänger gilt, wird später im Abschn. 4.5 „Steuerschuldnerschaft des Leistungsempfängers (§ 13b (5) UStG)" betrachtet.

3.2 Werklieferungen, Bauleistungen und andere Umsätze nach § 13b (2) UStG

Gemäß § 13b (2) UStG entsteht die Steuerschuld **mit Ausstellung der Rechnung, spätestens** jedoch **mit Ablauf des der Ausführung der Leistung folgenden Kalendermonats,** wenn folgende Leistungen erbracht werden:

3.2.1 „Werklieferungen und nicht unter Absatz 1 fallende sonstige Leistungen eines im Ausland ansässigen Unternehmers[...]" [1]

Zunächst soll die Werklieferung, im Anschluss die sonstigen Leistungen betrachtet werden.

a. Eine **Werklieferung** ist dadurch gekennzeichnet, dass der Auftragnehmer
   (leistender Unternehmer) die Be- oder Verarbeitung eines Gegenstandes übernimmt und die hierfür notwendigen Haupt- und Nebenzutaten selbst zur Verfügung gestellt (siehe auch § 3 (4) UStG).

Beispiel 4.2.1.a: Werklieferungen

Bauunternehmer B (Berlin) erstellt im Auftrag des Kunden K (Köln) ein Betriebsgebäude in Köln. Der Einbau der Fenster übernimmt Subunternehmer F (Paris, Frankreich).

F erbringt in Deutschland eine steuerpflichtige Werklieferung an B. Er baut in das Gebäude die Fenster (Hauptzutaten) ein, die er selbst zur Verfügung stellt. Die Umsatzsteuer auf diese Werklieferung schuldet B gemäß § 13b (5) S. 1 UStG [6].

---

b. Zu den **nicht unter Absatz 1 fallende sonstige Leistungen eines im Ausland ansässigen Unternehmers** gehören solche, die beispielsweise dem § 3a (3) UStG zuzuordnen sind.

Beispiel 4.2.1.b: Sonstige Leistungen, die nicht unter § 13b (1) UStG fallen

Architekt W (Wien, Österreich) plant den Bau eines Betriebsgebäudes für den Unternehmer B in Berlin.

W ist ein im Ausland ansässiger Unternehmer, der für B eine im Inland steuerpflichtige sonstige Leistung im Sinne des § 3a (3) Nr. 1 UStG erbringt. Die auf diese Leistung entfallende Umsatzsteuer schuldet der Leistungsempfänger, also B (Berlin) § 13b (5) S. 1 UStG [7].

3.2.2 „Lieferungen sicherungsübereigneter Gegenstände durch den Sicherungsgeber an den Sicherungsnehmer außerhalb des Insolvenzverfahrens[…]" [2]

Auch in der Situation der Sicherungsübereignung außerhalb des Insolvenzverfahrens greift die Vorschrift der Umkehr der Steuerschuldnerschaft.

Beispiel 4.2.2: Lieferung sicherungsübereigneter Gegenstände

Unternehmer G (Sicherungsgeber) in Berlin lässt sich eine betriebliche Maschine durch die Bank B in Leipzig finanzieren. Bis zum Zeitpunkt der Rückzahlung wird die Maschine der Bank B (Sicherungsnehmer) zur Sicherheit übereignet. Als G sein Darlehen nicht zurückführen kann, veräußert die Bank B die zur Sicherheit übereignete Maschine an den Unternehmer A in München.

Der Verkauf der Maschine durch B an den Abnehmer A führt zu den Lieferungen G an B und zur Lieferung B an A.

Die Umsatzsteuer für die Lieferung des G an B schuldet die Bank B in Leipzig gemäß § 13b (5) S. 1 UStG [9].

3.2.3 „Umsätze, die unter das Grunderwerbsteuergesetz fallen[…]" [2]

Hierunter fallen Grundstücksumsätze, für die im Vorfeld optiert wurde (also auf die Steuerfreiheit verzichtet wurde).

Beispiel 4.2.3: Umsätze, die unter das Grunderwerbsteuergesetz fallen

Unternehmer G ist Eigentümer eines betrieblichen Gebäudes, welches er über die Bank B in Leipzig finanziert hat. Da er das Darlehen nicht zurückzahlen kann, wurde das Gebäude durch B zwangsversteigert. Unternehmer A wird neuer rechtmäßiger Eigentümer. Auf die Steuerbefreiung hinsichtlich der Lieferung wurde durch den ehemaligen Eigentümer G rechtzeitig verzichtet (Option, § 9 UStG).

G erbringt an A im Rahmen der Zwangsversteigerung (zum Zeitpunkt des Zuschlags) eine steuerpflichtige Lieferung. A (Leistungsempfänger) schuldet hierfür die Umsatzsteuer gemäß § 13b (5) S. 1 UStG [10].

3.2.4 „Bauleistungen, einschließlich Werklieferungen und sonstigen Leistungen im Zusammenhang mit Grundstücken[…]" [2]

Dieser Gesetzesabschnitt beinhaltet weitere Erläuterungen zu den betreffenden Leistungen, wie der folgende – vollständige Gesetzeswortlaut – zeigt.

§ 13b UStG – Leistungsempfänger als Steuerschuldner

„[…] 4. Bauleistungen, einschließlich Werklieferungen und sonstigen Leistungen im Zusammenhang mit Grundstücken, die der Herstellung, Instandsetzung, Instandhaltung, Änderung oder Beseitigung von Bauwerken dienen, mit Ausnahme von Planungs- und Überwachungsleistungen. Als Grundstücke gelten insbesondere auch Sachen, Ausstattungsgegenstände und Maschinen, die auf Dauer in einem Gebäude oder Bauwerk installiert sind und die nicht bewegt werden können, ohne das Gebäude oder Bauwerk zu zerstören oder zu verändern. Nummer 1 bleibt unberührt;[…]"[2]

Auch hier zum besseren Verständnis ein Beispiel:

Beispiel 4.2.4: Bauleistungen, einschließlich Werklieferungen bei Grundstücken

Unternehmer G ist Eigentümer eines betrieblichen Gebäudes in München. Er lässt sich durch Unternehmer S in Stuttgart einen Personenaufzug und eine Rolltreppe einbauen. Hierzu müssen erhebliche Veränderungen an dem Gebäude vorgenommen werden.

Es handelt sich um eine Bauleistung, welche gemäß § 13b (2) Nr. 4 UStG zu bewerten ist. G schuldet als Leistungsempfänger die Umsatzsteuer.

3.2.5   „Lieferungen [...]" [2]

Unter diesen Abschnitt fallen bestimmte Lieferungen in Bezug auf Gegenstände eines im Ausland ansässigen Unternehmers und bestimmte Energielieferungen, wie der Gesetzeswortlaut zeigt:

§ 13b UStG – Leistungsempfänger als Steuerschuldner

„[...] 5. Lieferungen

a) der in § 3g Absatz 1 Satz 1 genannten Gegenstände eines im Ausland ansässigen Unternehmers unter den Bedingungen des § 3g und

b) von Gas über das Erdgasnetz und von Elektrizität, die nicht unter Buchstabe a fallen;[...]"[2]

Auch hierzu jeweils ein Beispiel zum besseren Verständnis:

Beispiel 4.2.5.a: Energielieferung eines im Ausland ansässigen Unternehmens

Unternehmer G in Gerau lässt sich vom Anbieter S in Amerika Erdgas liefern, um diese an seine Kunden weiter zu veräußern.

Da S ein im Ausland ansässiger Unternehmer ist, schuldet G als Leistungsempfänger die Umsatzsteuer für diese Lieferung § 13b (2) Nr. 5 Buchstabe a) UStG in Verbindung mit § 13b (5) S. 1 zweiter Halbsatz UStG [12].

Und nun ein Beispiel zu einer Energielieferung, welche nicht unter § 13b (2) Nr. 5 Buchstabe a) UStG fällt:

> **Beispiel 4.2.5.b: Energielieferung eines im Inland ansässigen Unternehmens**
>
> Unternehmer G (Wiederverkäufer) in Gerau lässt sich vom Anbieter S (Stuttgart) Erdgas liefern, um diese an seine Kunden weiter zu veräußern.
>
> Da G als Leistungsempfänger im vorliegenden Fall auch Wiederverkäufer ist, schuldet er die Umsatzsteuer für diese Lieferung gemäß § 13b (2) Nr. 5 Buchstabe b) UStG in Verbindung mit § 13b (5) S. 3 UStG [13].

3.2.6 „Übertragung von Berechtigungen nach § 3 Nummer 3 des Treibhausgas-Emissionshandelsgesetzes [...]" [2]

Dieser Abschnitt beinhaltet die Übertragung bestimmter Berechtigungen, wie nachfolgendem Textauszug zu entnehmen ist:

§ 13b UStG – Leistungsempfänger als Steuerschuldner

„[...] 6. Übertragung von Berechtigungen nach § 3 Nummer 3 des Treibhausgas-Emissionshandelsgesetzes, Emissionsreduktionseinheiten nach § 2 Nummer 20 des Projekt-Mechanismen-Gesetzes und zertifizierten Emissionsreduktionen nach § 2 Nummer 21 des Projekt-Mechanismen-Gesetzes;[...]"[2]

Zum besseren Verständnis auch hierzu ein Beispiel:

> **Beispiel 4.2.6: Übertragung von Rechten nach Treibhausgas-Emissionshandelsgesetz (TEHG)**
>
> Unternehmer G (Essen) erwirbt von Unternehmer S (Stuttgart) eine Berechtigung zur Emission bestimmter Treibhausgase gemäß § 3 Nummer 3 TEHG.
>
> Es liegt eine sonstige Leistung im Sinne des § 3a (2) UStG vor. Die Steuer schuldet der Leistungsempfänger (G) gemäß § 13b (2) Nr. 6 UStG in Verbindung mit § 13b (5) S. 1 UStG.

3.2.7 „Lieferungen der in der Anlage 3 bezeichneten Gegenstände [...]" [2]

Nach § 13b (2) Nr. 7 UStG unterliegen sämtliche, in der Anlage 3 zum Umsatzsteuergesetz aufgeführten, Gegenstände dem Reverse-Charge-Verfahren.

Zum besseren Verständnis nun ein Beispiel:

Beispiel 4.2.7: Lieferungen von Gegenständen gemäß Anlage 3 zum Umsatzsteuergesetz

Unternehmer G (Düsseldorf) erwirbt von Unternehmer S (Stuttgart) granulierte Schlacke (Schlackensand) für seinen Betrieb.

Da die granulierte Schlacke zu den in Anlage 3 zum Umsatzsteuergesetz aufgeführten Gegenstände zählt, greift die Vorschrift des § 13b (2) Nr. 7 UStG.

Die Umsatzsteuer schuldet der Leistungsempfänger (G) gemäß § 13b (2) Nr. 7 UStG in Verbindung mit § 13b (5) S. 1 UStG, da G Unternehmer ist.

3.2.8 „Reinigen von Gebäuden und Gebäudeteilen.[…]" [2]

Unter § 13b (2) Nr. 8 UStG wird das Reinigen von Gebäuden und Gebäudeteilen thematisiert. Zu diesen zählen gemäß Abschnitt 13b.5 Abs. 2 UStAE zum Beispiel die Innen- und Außenreinigung von Gebäuden und Gebäudeteilen, die Fensterreinigung und die Bauendreinigung.

Hierzu nun ein Beispiel zum besseren Verständnis:

Beispiel 4.2.8: Reinigung von Gebäuden und Gebäudeteilen

Unternehmer S (Stuttgart) lässt durch das Reinigungsunternehmen R (Rastatt) die kunstvollen Graffitimalereien an seinem Betriebsgebäude entfernen.

Da die vorgenannte Reinigungsleistung unter § 13b (2) Nr. 8 UStG fällt, ist der Leistungsempfänger S Schuldner der Umsatzsteuer. Es gilt § 13b (5) S. 1 UStG, da S Unternehmer ist [16].

Schornsteinreinigung, Winterdienst oder Schädlingsbekämpfung gehören **nicht** zu den vorgenannten Leistungen.

3.2.9 „Lieferungen von Gold[…]" [2]

§ 13b (2) Nr. 9 UStG beschäftigt sich mit Lieferungen von **Edelmetallen.** Hiernach sind folgende Leistungen nach dem Reverse-Charge-Verfahren zu behandeln:

§ 13b UStG – Leistungsempfänger als Steuerschuldner

„[…] 9.Lieferungen von Gold mit einem Feingehalt von mindestens 325 Tausendstel, in Rohform oder als Halbzeug (aus Position 7108 des Zolltarifs) und von Goldplattierungen mit einem Goldfeingehalt von mindestens 325 Tausendstel (aus Position 7109);[…]"[2]

Zum besseren Verständnis nun hierzu ein Beispiel:

Beispiel 4.2.9: Lieferung von Gold

Unternehmer J (Goslar) lässt durch die Scheideanstalt S in Stuttgart verunreinigtes Gold mit einem Feingehalt von 500 Tausendstel in unedle Metalle und in Anlagegold trennen. J erhält die Verfügungsmacht an dem Gold, hat aber auf die Herausgabepflicht durch S verzichtet. Der Gegenwert wird seinem Goldkonto durch das Unternehmen S gutgeschrieben. J hat gemäß § 25c (3) S. 2 UStG auf die Steuerbefreiung verzichtet (optiert).

Der Verzicht auf die Herausgabe führt – aufgrund der vorgenannten Option – zu einer steuerpflichtigen Lieferung von J an S.

S schuldet als Leistungsempfänger die Umsatzsteuer gemäß § 13b (2) Nr. 9 UStG in Verbindung mit § 13b (5) S. 1 UStG [17].

---

§ 25c UStG ist die Vorschrift zur umsatzsteuerlichen Behandlung von Umsätzen mit Anlagegold. In Bezug auf das vorgenannte Beispiel greift § 25c (1) UStG und § 25c (3) UStG:

§ 25c UStG – Besteuerung von Umsätzen mit Anlagegold

„(1) Die Lieferung, die Einfuhr und der innergemeinschaftliche Erwerb von Anlagegold, […], durch die ein Eigentumsrecht an Anlagegold oder ein schuldrechtlicher Anspruch auf Anlagegold begründet wird, […] die zur Übertragung eines Eigentumsrechts an Anlagegold oder eines schuldrechtlichen Anspruchs auf Anlagegold führen, sind steuerfrei.[…]"[18]

3.2.10 „Lieferungen von Mobilfunkgeräten […]" [2]

In diesem Abschnitt wird die Lieferung von diversen Mobilfunkgeräten und Tablets in Bezug auf das Reverse-Charge-Verfahren Bezug genommen:

§ 13b UStG – Leistungsempfänger als Steuerschuldner

„10. Lieferungen von Mobilfunkgeräten, Tablet-Computern und Spielekonsolen sowie von integrierten Schaltkreisen vor Einbau in einen zur Lieferung auf der Einzelhandelsstufe geeigneten Gegenstand, wenn die Summe der für sie in Rechnung zu stellenden Entgelte im Rahmen eines wirtschaftlichen Vorgangs mindestens 5 000 Euro beträgt; nachträgliche Minderungen des Entgelts bleiben dabei unberücksichtigt;[…]"[2]

Zum besseren Verständnis ein einfaches Beispiel:

Beispiel 4.2.10: Lieferungen von Mobilfunkgeräten, Tablet-Computer u. ä.

Unternehmensgründer B (Berlin) lässt sich vom Elektronikunternehmen A (Aalen) zur Erstausstattung seiner Angestellten Mobilfunkgeräte im Werte von 6.500,00 EUR zuschicken.

Da die vorgenannte Leistung unter § 13b (2) Nr. 10 UStG fällt, ist B als Leistungsempfänger Steuerschuldner. Es gilt § 13b (5) S. 1 UStG [19].

Navigationsgeräte oder Spielekonsolen und weitere elektronische Medien, welche nicht zur Umsetzung von Informationen in akustische Signale fähig sind, fallen nicht unter die Vorschrift des § 13b (2) Nr. 10 UStG [20].

3.2.11 „Lieferungen der in der Anlage 4 bezeichneten Gegenstände[…]" [2]

Dieser Abschnitt beinhaltet die Regelung zum Reverse-Charge-Verfahren bei bestimmten Gegenständen, die in der Anlage 4 zum Umsatzsteuergesetz aufgeführt sind:

§ 13b UStG – Leistungsempfänger als Steuerschuldner

„11. Lieferungen der in der Anlage 4 bezeichneten Gegenstände, wenn die Summe der für sie in Rechnung zu stellenden Entgelte im Rahmen eines wirtschaftlichen Vorgangs mindestens 5 000 Euro beträgt; nachträgliche Minderungen des Entgelts bleiben dabei unberücksichtigt […]"[2]

Auch hier zum besseren Verständnis ein einfaches Beispiel:

> **Beispiel 4.2.11: Lieferungen von Gegenständen gemäß Anlage 4 zum Umsatzsteuergesetz**
>
> Unternehmer G (Düsseldorf) erwirbt von Unternehmer S (Stuttgart) Aluminium in Rohform für die Weiterverarbeitung in seinem Betrieb.
>
> Da das Aluminium in Rohform zu den in Anlage 4 zum Umsatzsteuergesetz aufgeführten Gegenstände gehört, greift die Vorschrift des § 13b (2) Nr. 11 UStG.
>
> Die Umsatzsteuer schuldet der Leistungsempfänger (G) gemäß § 13b (2) Nr. 11 UStG in Verbindung mit § 13b (5) S. 1 UStG, da G Unternehmer ist.

3.3   Dauerhafte Leistungen nach § 13b (3) UStG

§ 13b (3) UStG beinhaltet Vorschriften zur Besteuerung bei sogenannten **dauerhaften** Leistungen:

§ 13b UStG – Leistungsempfänger als Steuerschuldner

[…] (3) Abweichend von den Absatz 1 und 2 Nummer 1 entsteht die Steuer für sonstige Leistungen, die dauerhaft über einen Zeitraum von mehr als einem Jahr erbracht werden, spätestens mit Ablauf eines jeden Kalenderjahres, in dem sie tatsächlich erbracht werden.[…][2]

Auch hier zum besseren Verständnis ein Beispiel:

> **Beispiel 4.3.1: „Dauerhafte Leistungen" (§ 13b (3) UStG)**
>
> Unternehmensberater F (Paris, Frankreich) berät in München einen Unternehmer D (München, Deutschland) in der Angelegenheit „Neue Unternehmensstruktur" **dauerhaft** (2 Jahre).
>
> Es handelt sich bei der Beratungsleistung um eine im Inland steuerpflichtige **dauerhafte** sonstige Leistung.
>
> Die Steuer entsteht spätestens **mit Ablauf eines jeden Kalenderjahres,** in dem die Leistung ausgeführt wurde.
>
> Im Rahmen des Reverse-Charge-Verfahrens muss D die Umsatzsteuer auf diese Leistung in seiner Umsatzsteuer-Voranmeldung angeben und kann diese bei Vorliegen aller übrigen Voraussetzungen auch wieder als Vorsteuer in Abzug bringen.

F stellt eine Rechnung/einen Vertrag (= Dauerrechnung) ohne Umsatzsteuer aus. Diese müssen jedoch den Hinweis auf die „Umkehr der Steuerschuldnerschaft" gemäß § 14a (5) UStG beinhalten.

3.4 Steuerentstehung bei An- bzw. Vorauszahlungen (§ 13b (4) UStG)

Eine weitere, sehr wichtige, Vorschrift im Rahmen des § 13b UStG ist der Absatz 4 mit Vorgaben zum Zeitpunkt der Steuerentstehung bei **An- und Vorauszahlungen:**

§ 13b UStG – Leistungsempfänger als Steuerschuldner

[...] (4) Bei der Anwendung der Absätze 1 bis 3 gilt § 13 Absatz 1 Nummer 1 Buchstabe a Satz 2 und 3 entsprechend. Wird in den in den Absätzen 1 bis 3 sowie in den in Satz 1 genannten Fällen das Entgelt oder ein Teil des Entgelts vereinnahmt, bevor die Leistung oder die Teilleistung ausgeführt worden ist, entsteht insoweit die Steuer mit Ablauf des Voranmeldungszeitraums, in dem das Entgelt oder das Teilentgelt vereinnahmt worden ist. [...][2]

Gemäß der vorgenannten gesetzlichen Vorgabe ist der Entstehungszeitpunkt der Umsatzsteuer für An- und m Reverse-Charge-Verfahren nicht anders zu bewerten als bei den üblichen sonstigen Vorgängen, bei denen der § 13b UStG keine Rolle spielt.

Hier nochmals die Vorschrift des § 13 (1) Nr. 1a UStG:

§ 13 UStG – Entstehung der Steuer

„(1) Die Steuer entsteht

1. für Lieferungen und sonstige Leistungen
   a) bei der Berechnung der Steuer nach vereinbarten Entgelten [...] mit Ablauf des Voranmeldungszeitraums, in dem die Leistungen ausgeführt worden sind. [...] Wird das Entgelt oder ein Teil des Entgelts vereinnahmt, bevor die Leistung oder die Teilleistung ausgeführt worden ist, so entsteht insoweit die Steuer mit Ablauf des Voranmeldungszeitraums, in dem das Entgelt oder das Teilentgelt vereinnahmt worden ist,[...]"[21]

Zum besseren Verständnis ein Beispiel:

Beispiel 4.4.1. „Steuerentstehung bei An- und Vorauszahlungen" (§ 13b (4) UStG)

Unternehmensberater F (Paris, Frankreich) berät im Juni 02 in München den inländischen Unternehmer D (Monatszahler ohne Dauerfristverlängerung) in der Angelegenheit „Neue Unternehmensstruktur".

Am 10. April 02 schreibt F an D eine Anzahlungsrechnung in Höhe von 1.000,00 EUR (netto) mit dem Hinweis auf die Umkehr der Steuerschuldnerschaft im Sinne des § 14a (5) UStG. Der Rechnungsbetrag wird am 20. April 02 von D beglichen. Der Steuerentstehungszeitpunkt für D, der gemäß § 13b (4) UStG die Vorgaben auch zu § 13 (1) UStG zu beachten hat, ist Ende des Voranmeldungszeitraums, in dem D die Anzahlung überwiesen hat, also Ende April 02.

Dies bedeutet, dass D die Umsatzsteuer zum 10. Mai 02 anmeldet und er diesen Betrag auch als Vorsteuer wieder in Abzug bringen kann. (Hinweis: Es liegen aus umsatzsteuerlicher Sicht alle relevanten Voraussetzungen vor).

Aber: Nach Abschnitt 13b.12 (3) S. 2 UStAE [22] ist es nicht zu beanstanden, wenn der Leistungsempfänger die Steuer auf das Entgelt bereits in dem Voranmeldungszeitraum anmeldet, in dem die Beträge von ihm an den leistenden Unternehmer gezahlt wurden.

3.5 Steuerschuldnerschaft des Leistungsempfängers (§ 13b (5) UStG)

Die Vorschrift des § 13b UStG dient hauptsächlich zur Vermeidung von Steuerausfällen. Deshalb wird mittlerweile in vielen Fällen die Umkehr der Steuerschuldnerschaft, also die Verlagerung der Steuerschuld auf den Leistungsempfänger, umgesetzt.

Wer als Leistungsempfänger die Steuerschuld zu tragen hat, ist von verschiedenen Faktoren abhängig.

So ist in den Fällen des § 13b (1) und (2) Nr. 1–3 UStG der Leistungsempfänger Steuerschuldner, sofern er **Unternehmer** oder eine **juristische Person** (also eine Person mit eigener Rechtspersönlichkeit) ist.

In den Fällen des § 13b (2) Nr. 5a, 6, 7, 9, 10 und 11 UStG schuldet der Leistungsempfänger die Steuer, wenn er ein **Unternehmer** ist.

Im Fall des § 13b (2) Nr. 4 S. 1 UStG schuldet der Leistungsempfänger (ebenfalls Unternehmer mit Bauleistungen als Kerngeschäft) die Umsatzsteuer unabhängig davon, ob er diese für eigene unternehmerische Leistungen auf diesem Gebiet verwendet. Es ist davon auszugehen, dass es sich um einen Unternehmer mit Bauleistungen (Bauleister) handelt, wenn ihm vom zuständigen Finanzamt hierfür eine auf längstens 3 Jahre ausgestellte Bescheinigung ausgestellt wird (Ausstellungszeitpunkt: Ausführung des entsprechenden Umsatzes). Diese Bescheinigung kann nur für die Zukunft widerrufen oder zurückgenommen werden.

Im Fall des § 13b (2) Nr. 5b UStG ist der Leistungsempfänger Schuldner der Umsatzsteuer, wenn er selbst ein Wiederverkäufer von Erdgas oder Elektrizität im Sinne des § 3g UStG ist.

Hinsichtlich der Reinigungsleistungen hinsichtlich Gebäuden und Gebäudeteilen (§ 13b (2) Nr. 8 S. 1 UStG), gilt: der Leistungsempfänger ist Steuerschuldner der Umsatzsteuer unabhängig davon, ob er die empfangene Leistung für seine eigene (nachhaltige) unternehmerische Tätigkeit verwendet, wenn er selbst die entsprechende Leistung anbietet. Dieses würde ihm vom Finanzamt mit Bescheinigung (Befristung auf 3 Jahre) bestätigt. Diese Bescheinigung könnte nur mit Wirkung für die Zukunft widerrufen oder zurückgenommen werden.

Die oben dargestellten Sachverhalte im Rahmen des § 13b (5) S. 1–5 UStG gelten auch, wenn der Unternehmer die Leistung für nichtunternehmerische Zwecke bezieht. Dies gilt unter Berücksichtigung des § 13b (5) S. 10 UStG:

§ 13b UStG – Leistungsempfänger als Steuerschuldner

[...] (5) [...] In den in Absatz 2 Nummer 4, 5 Buchstabe b und Nummer 7 bis 11 genannten Fällen schulden juristische Personen des öffentlichen Rechts die Steuer nicht, wenn sie die Leistung für den nichtunternehmerischen Bereich beziehen.[2]

§ 13b (5) UStG geht darüber hinaus auch auf **Zweifelsfälle** ein: wird in zweifelhaften Fällen irrtümlicherweise davon ausgegangen, dass z. B. eine Situation im Sinne des § 13b (2) Nr. 4 UStG („Bauleistungen") vorliegt, obwohl dem nicht so ist, so ist dennoch die Steuerschuld aufseiten des Leistungsempfängers, sofern sichergestellt werden kann, dass **keine Steuerausfälle** entstehen. Dies ist dann gewährleistet, wenn der Leistungsempfänger die korrekte Steuer für die empfangene Leistung an die Finanzbehörde abführt (Abschnitt 13b.8 Satz 3 UStAE). Es handelt sich hierbei um eine Vereinfachungsregelung gemäß Abschnitt 13b.8 UStAE.

Sämtliche zuvor dargestellten Fallkonstellationen im § 13b (5) S. 1–6 UStG
gelten nicht für die Fälle, in denen sich der Unternehmer als Kleinunternehmer
gemäß § 19 UStG gegen die Umsatzsteuer-Pflicht entschieden hat.

Bewirkt ein Unternehmer die Lieferung eines Gegenstandes (z. B. gemäß
Anlage 3 zum UStG, § 13b (2) Nr. 7 UStG) im Rahmen eines Dreiecksgeschäf-
tes (§ 25b UStG), gelten die vorgenannten Sachverhalte gemäß § 13b (5) S. 1–8
UStG **nicht.**

Zur Erinnerung hier der Wortlaut:

§ 25b UStG – Innergemeinschaftliche Dreiecksgeschäfte

(1) Ein innergemeinschaftliches Dreiecksgeschäft liegt vor, wenn

1. drei Unternehmer über denselben Gegenstand Umsatzgeschäfte abschlie-
   ßen und dieser Gegenstand unmittelbar vom ersten Lieferer an den letzten
   Abnehmer gelangt,
2. die Unternehmer in jeweils verschiedenen Mitgliedstaaten für Zwecke der
   Umsatzsteuer erfasst sind,
3. der Gegenstand der Lieferungen aus dem Gebiet eines Mitgliedstaates in
   das Gebiet eines anderen Mitgliedstaates gelangt und
4. der Gegenstand der Lieferungen durch den ersten Lieferer oder den ersten
   Abnehmer befördert oder versendet wird.[...]

3.6   Ausnahmen für bestimmte Leistungen eines im Ausland ansässigen Unternehmers (§ 13b (6) UStG)

Die bisher betrachteten Absätze 1–5 des § 13b UStG werden nicht angewendet,
wenn der im Ausland ansässige Unternehmer folgende Leistungen erbringt:

a. Personenbeförderung mit **Beförderungseinzelbesteuerung** gemäß § 16 (5)
   UStG:

**§ 16 UStG – Steuerberechnung, Besteuerungszeitraum und Einzelbesteu-
erung**

[...] (5) Bei Beförderungen von Personen im Gelegenheitsverkehr mit Kraf-
tomnibussen, die nicht im Inland zugelassen sind, wird die Steuer, [...] für
jeden einzelnen steuerpflichtigen Umsatz durch die zuständige Zolldienststelle

berechnet (Beförderungseinzelbesteuerung), wenn eine Grenze zum Drittlandsgebiet überschritten wird. Zuständige Zolldienststelle ist die Eingangszollstelle oder Ausgangszollstelle, bei der der Kraftomnibus in das Inland gelangt oder das Inland verlässt. Die zuständige Zolldienststelle handelt bei der Beförderungseinzelbesteuerung für das Finanzamt, in dessen Bezirk sie liegt (zuständiges Finanzamt).[...][24]

b. Personenbeförderung mit einem motorbetriebenen **Landfahrzeug** (Hubraum > 48 cm^3 oder einer Leistung > 7,2 kW (§ 1b (2) S. 1 Nr. 1 UStG)

c. Grenzüberschreitende Personenbeförderung im **Luftverkehr**

d. **Einräumung von Eintrittsberechtigung** z. B. bei Messen und Ausstellungen

   Hierunter fallen u. a. Leistungen, wofür vom Leistungsempfänger Entgelte in Form von Teilnehmer- oder Kongressentgelte gezahlt werden (siehe auch Abschnitt 13b.10 (2) Satz 2 UStAE)

e. Eine **sonstige Leistung einer Durchführungsgesellschaft** an im Ausland ansässige Unternehmer, soweit diese in Zusammenhang mit einer Veranstaltung von z. B. Messen im Inland steht.

   Eine Durchführungsgesellschaft ist eine Gesellschaft, welche zur Ausführung eines bestimmten Projektes gegründet wurde.

f. **Bestimmte Restaurationsleistungen,** also Vergabe von Speisen und Getränke an Ort und Stelle z. B. an Bord eines Schiffes.

3.7   Im Ausland ansässige Unternehmer nach § 13b (7) UStG

§ 13b (7) UStG beinhaltet u. a. die Definition von **im Ausland ansässigen Unternehmern.**

Hierunter zählt man Unternehmer, die **weder im Inland,** auf der **Insel Helgoland** noch in den nach § 1 (3) UStG genannten Gebieten **Wohnsitz, gewöhnlichen Aufenthalt, Sitz, Geschäftsleitung** oder **Betriebsstätte** vorweisen können.

Gleiches gilt, wenn **Wohnsitz** oder **gewöhnlicher Aufenthaltsort** des Unternehmers im **Inland,** aber sich **Sitz, Betriebsstätte** und **Ort der Geschäftsleitung** im **Ausland** befinden.

Im § 13b (7) UStG findet man auch die Definition eines im **übrigen Gemeinschaftsgebiet ansässigen Unternehmers.**

Ein im übrigen Gemeinschaftsgebiet ansässiger Unternehmer hat seinen **Wohnsitz, gewöhnlichen Aufenthalt, Sitz, Geschäftsleitung** oder **Betriebsstätte in den übrigen Mitgliedstaaten** der Europäischen Union. Hat er lediglich seinen Wohnsitz oder gewöhnlichen Aufenthalt im übrigen Gemeinschaftsgebiet, den Sitz, Ort der Geschäftsleitung oder die Betriebsstätte jedoch im **Drittlandsgebiet,** handelt es sich **nicht** um einen im übrigen Gemeinschaftsgebiet ansässigen Unternehmer.

Führt der Unternehmer **mit Betriebsstätte im Inland** einen Umsatz im Sinne des § 13b (1) oder (2) Nr. 1 oder 5 aus, zählt er als ein im übrigen Gemeinschaftsgebiet bzw. im Ausland ansässiger Unternehmer. Voraussetzung hierfür ist, dass die inländische Betriebsstätte **nicht** am Umsatz partizipiert.

Für den Fall, dass es **nicht** offensichtlich ist, dass der **leistende Unternehmer** vorgenannte Voraussetzungen insgesamt erfüllt, schuldet der Leistungsempfänger trotzdem die Umsatzsteuer im Rahmen des Reverse-Charge-Verfahrens. Weist der leistende Unternehmer mittels Bescheinigung (Ausstellung durch Finanzamt) jedoch nach, dass er kein Unternehmer im Sinne des § 13b (7) S. 1 oder 2 UStG ist, gilt diese Vorgabe nicht (§ 13b (7) S. 3 UStG).

3.8 Ausnahmen (§ 13b (8) UStG)

§ 13b (8) UStG besteht aus dem Hinweis, dass hinsichtlich der **Berechnung der Steuer** die Vorschriften des § 19 UStG (Besteuerung von Kleinunternehmern) und des § 24 UStG (Durchschnittssätze für land- und forstwirtschaftliche Betriebe) nicht anzuwenden sind.

Kleinunternehmer sind Unternehmer, welche von der Umsatzsteuer-Pflicht befreit sind, da sie bestimmte Umsatzgrenzen nicht überschreiten:

§ 19 UStG – Besteuerung der Kleinunternehmer

(1) Die für Umsätze im Sinne des § 1 Abs. 1 Nr. 1 geschuldete Umsatzsteuer wird von Unternehmern, die im Inland oder in den in § 1 Abs. 3 bezeichneten Gebieten ansässig sind, nicht erhoben, wenn der in Satz 2 bezeichnete Umsatz zuzüglich der darauf entfallenden Steuer im vorangegangenen Kalenderjahr 17 500 Euro nicht überstiegen hat und im laufenden Kalenderjahr 50 000 Euro voraussichtlich nicht übersteigen wird. Umsatz im Sinne des Satzes 1 ist der nach vereinnahmten Entgelten bemessene Gesamtumsatz, gekürzt um die darin enthaltenen Umsätze von Wirtschaftsgütern des Anlagevermögens.[...] [25]

§ 24 UStG beinhaltet relevante Hinweise zur **Besteuerung nach Durchschnittssätzen für land- und forstwirtschaftliche Betriebe.** Hier heißt es ausschnittsweise:

§ 24 UStG – Durchschnittssätze für land- und forstwirtschaftliche Betriebe

(1) Für die im Rahmen eines land- und forstwirtschaftlichen Betriebs ausgeführten Umsätze wird die Steuer vorbehaltlich der Sätze 2 bis 4 wie folgt festgesetzt:

1. für die Lieferungen von forstwirtschaftlichen Erzeugnissen, ausgenommen Sägewerkserzeugnisse, auf 5,5 Prozent,
2. für die Lieferungen der in der Anlage 2 nicht aufgeführten Sägewerkserzeugnisse und Getränke sowie von alkoholischen Flüssigkeiten, ausgenommen die Lieferungen in das Ausland und die im Ausland bewirkten Umsätze, und für sonstige Leistungen, soweit in der Anlage 2 nicht aufgeführte Getränke abgegeben werden, auf 19 Prozent,
3. für die übrigen Umsätze im Sinne des § 1 Abs. 1 Nr. 1 auf 10,7 Prozent

der Bemessungsgrundlage.[...][26]

3.9   Steuerschuldnerschaft in besonderen Fällen (§ 13b (9) UStG)

§ 13b (9) UStG weist darauf hin, dass das Bundesfinanzministerium mit Zustimmung des Bundesrates festlegen darf:

§ 13b UStG – Leistungsempfänger als Steuerschuldner

(9) [...] unter welchen Voraussetzungen zur Vereinfachung des Besteuerungsverfahrens in den Fällen, in denen ein anderer als der Leistungsempfänger ein Entgelt gewährt (§ 10 Absatz 1 Satz 3), der andere anstelle des Leistungsempfängers Steuerschuldner nach Absatz 5 ist. [...][2]

Das heißt, sofern eine **andere Person** als der Leistungsempfänger die Rechnung des leistenden Unternehmers begleicht, kann diese dazu angehalten werden **anstelle des Leistungsempfängers** auch die Steuerschuld zu übernehmen. Eine Festlegung kann in diesen Fällen mittels Rechtsverordnung durch das Bundesministerium der Finanzen erfolgen, um das Besteuerungsverfahren zu vereinfachen.

3.10   Erweiterung Anwendungsbereich der Steuerschuldnerschaft des Leistungsempfängers nach § 13b (10) UStG

Das Bundesfinanzministerium ist gemäß § 13b (10) UStG berechtigt, nach Zustimmung des Bundesrates den Anwendungsbereich der Steuerschuldnerschaft des Leistungsempfängers auf zusätzliche Umsätze zu erweitern, wenn hierdurch **erhebliche Steuerausfälle vermieden** werden können:

§ 13b UStG – Leistungsempfänger als Steuerschuldner

[...] (10) Das Bundesministerium der Finanzen kann mit Zustimmung des Bundesrates durch Rechtsverordnung den Anwendungsbereich der Steuerschuldnerschaft des Leistungsempfängers nach den Absätzen 2 und 5 auf weitere Umsätze erweitern, wenn im Zusammenhang mit diesen Umsätzen in vielen Fällen der Verdacht auf Steuerhinterziehung in einem besonders schweren Fall aufgetreten ist, die voraussichtlich zu erheblichen und unwiederbringlichen Steuermindereinnahmen führen.[...][2]

Die Voraussetzung für die vorgenannten Erweiterungen können dem § 13b (10) S. 2 UStG entnommen werden.

Berechnung der Steuerschuld **4**

Die **Berechnung der Steuerschuld** erfolgt, sofern der Leistungsempfänger Steuerschuldner ist, auf der Basis des **Nettobetrages** in der Rechnung oder Gutschrift (= Rechnung erstellt durch Leistungsempfänger), wie Abschnitt 13b.13. (1) S. 1 UStAE zu entnehmen ist.

Für die Berechnung der Steuer für Umsätze, die unter das **Grunderwerbsteuergesetz** fallen, ist Abschnitt 10.1 (7) S. 6 und 7 UStAE zu beachten. Hier heißt es:

> (7)[...]6Bei einer Grundstücksveräußerung gehört die gesamtschuldnerisch von Erwerber und Veräußerer geschuldete Grunderwerbsteuer auch dann nicht zum Entgelt für die Grundstücksveräußerung, wenn die Parteien des Grundstückskaufvertrags vereinbaren, dass der Erwerber die Grunderwerbsteuer allein zu tragen hat, weil der Erwerber mit der Zahlung der vertraglich übernommenen Grunderwerbsteuer eine ausschließlich eigene Verbindlichkeit begleicht. 7Gleiches gilt hinsichtlich der vom Käufer zu tragenden Kosten der Beurkundung des Kaufvertrags und der Auflassung, der Eintragung ins Grundbuch und der zu der Eintragung erforderlichen Erklärungen.[...][27]

Nach Abschnitt 13b.13. (4) S. 1 UStAE ist der jeweils gültige Steuersatz im Sinne des § 12 UStG auf die Bemessungsgrundlage anzuwenden.

Für den Fall der **Änderung der Bemessungsgrundlage** ist eine Korrektur gemäß § 17 UStG erforderlich (Abschnitt 13b.13. (4) S. 3 UStAE).

© Springer Fachmedien Wiesbaden GmbH 2017
K. Nickenig, *Umkehrung der Steuerschuldnerschaft*, essentials,
DOI 10.1007/978-3-658-18362-2_4

Rechnungserteilung 5

Sofern ein Unternehmer Umsätze im Sinne des § 13b (2) Nr. 2 bis 11 UStG ausführt, bei der der Leistungsempfänger die Umsatzsteuer nach § 13b (5) UStG schuldet, muss der leistende Unternehmer eine **Rechnung mit entsprechendem Hinweis** ausstellen (siehe auch Abschnitt 13b.14 UStAE):

> **§ 14a UStG – Zusätzliche Pflichten bei der Ausstellung von Rechnungen in besonderen Fällen**
>
> [...] (5) Führt der Unternehmer eine Leistung im Sinne des § 13b Absatz 2 aus, für die der Leistungsempfänger nach § 13b Absatz 5 die Steuer schuldet, ist er zur Ausstellung einer Rechnung mit der Angabe „Steuerschuldnerschaft des Leistungsempfängers" verpflichtet; [...][6]

Fehlt jedoch dieser Hinweis „**Steuerschuldnerschaft des Leistungsempfängers**", wird der Leistungsempfänger **nicht** von der Verpflichtung entbunden, die Umsatzsteuer für den leistenden Unternehmer abzuführen.

Im Übrigen muss eine Rechnung die umsatzsteuerlich relevanten Angaben gemäß § 14 (4) UStG enthalten.

Die Rechnung des leistenden Unternehmers wird mit dem **Nettobetrag** gestellt. Wird jedoch versehentlich die Umsatzsteuer ausgewiesen, dann schuldet er diese gemäß § 14c Abs. 1 UStG:

> **§ 14c UStG – Unrichtiger oder unberechtigter Steuerausweis**
>
> (1) Hat der Unternehmer in einer Rechnung für eine Lieferung oder sonstige Leistung einen höheren Steuerbetrag, als er nach diesem Gesetz für den Umsatz schuldet, gesondert ausgewiesen (unrichtiger Steuerausweis), schuldet er auch den Mehrbetrag.[...]

© Springer Fachmedien Wiesbaden GmbH 2017   27
K. Nickenig, *Umkehrung der Steuerschuldnerschaft*, essentials,
DOI 10.1007/978-3-658-18362-2_5

(2) Wer in einer Rechnung einen Steuerbetrag gesondert ausweist, obwohl er zum gesonderten Ausweis der Steuer nicht berechtigt ist (unberechtigter Steuerausweis), schuldet den ausgewiesenen Betrag.[...][31]

Gemäß Abschnitt 13b.14 (2) UStAE ist von Leistungsempfänger und leistendem Unternehmer die Rechnung bzw. ein Doppel **zehn Jahre** aufzubewahren.

Vorsteuerabzug beim Leistungsempfänger 6

Gemäß Abschnitt 13b.15 (1) UStAE darf der Leistungsempfänger die Umsatzsteuer, die er für den leistenden Unternehmer schuldet, nach § 15 UStG als Vorsteuer in Abzug bringen.

Handelt es sich um Vorsteuer auf **geleistete Anzahlungen,** so ist der Abzug derselben bereits möglich, wenn die Zahlung geleistet wurde (§ 15 (1) S. 1 Nr. 4 UStG).

Die umsatzsteuerlichen Vorgaben für ordnungsgemäße Rechnungen im Sinne des § 14 (4) UStG sind ebenfalls zu berücksichtigen.

© Springer Fachmedien Wiesbaden GmbH 2017

K. Nickenig, *Umkehrung der Steuerschuldnerschaft,* essentials,

DOI 10.1007/978-3-658-18362-2_6

Wichtige Fragen zu § 13b UStG 7

Jeder umsatzsteuerpflichtige Unternehmer muss die Vorschrift des § 13b UStG kennen, um entsprechende Geschäftsvorfälle korrekt buchen und steuerlich bewerten zu können.

Denn: Auch wenn eine Rechnung, die einen Sachverhalt des „Reverse Charge Verfahren" beinhaltet, vom leistenden Unternehmer nicht korrekt ausgestellt wurde, ist der § 13b UStG vom Leistungsempfänger zu erkennen und entsprechend zu buchen.

So sollte sich ein umsatzsteuerpflichtiger Unternehmer, der eventuell von der Umkehr der Steuerschuldnerschaft betroffen ist, folgende Fragen stellen:

a. Kenne ich die **Vorschrift** des § 13b UStG? Falls nein, habe ich einen steuerlichen Berater, den ich hierzu befragen kann?
b. Gilt der § 13b UStG auch für **einzelne Geschäftsvorfälle** meines Unternehmens?
c. Sind meine **MitarbeiterInnen geschult** und können Sie einen Fall des § 13b UStG erkennen und auch richtig buchen?
d. Wissen meine Angestellten, wie eine **umsatzsteuerlich ordnungsgemäße Rechnung** auszusehen hat?
e. Kenne ich die **Konsequenzen,** wenn ich die Vorschrift des § 13b UStG nicht ordnungsgemäß anwende?
f. Welcher **Sinn** steckt hinter dieser Vorschrift?
g. Sind meine Rechnungen in der Buchhaltung korrekt oder müssen von den Ausstellern der Rechnung **Korrekturen** durchgeführt werden?

© Springer Fachmedien Wiesbaden GmbH 2017   31
K. Nickenig, *Umkehrung der Steuerschuldnerschaft*, essentials,
DOI 10.1007/978-3-658-18362-2_7

Abschlag (auch a-conto)
Zahlung nach Erbringung einer Teilleistung durch den leistenden Unternehmer

Anzahlung
Zahlung vor Erbringung bzw. Erhalt einer Gegenleistung

Bemessungsgrundlage
Basis zur Ermittlung der Traglast

Restaurationsumsatz
Verzehr an Ort und Stelle

Reverse-Charge
Umkehr der Steuerschuldnerschaft

Steuerschuldnerschaft
Verpflichtung zur Zahlung des korrekten Steuerbetrages zum Fälligkeitstermin

Steuerträger
Person, welche die Steuer wirtschaftlich trägt

Umsatzsteuer
Auch: Mehrwertsteuer; Verbindlichkeit gegenüber dem Finanzamt

Umsatzsteuer-Anwendungserlass (kurz: UStAE)
Verwaltungsregelung; früher: Umsatzsteuer-Richtlinie (UStR)

© Springer Fachmedien Wiesbaden GmbH 2017   33
K. Nickenig, *Umkehrung der Steuerschuldnerschaft*, essentials,
DOI 10.1007/978-3-658-18362-2_8

Umsatzsteuer-Traglast
Umsatzsteuerbetrag auf die Bemessungsgrundlage

Umsatzsteuer-Zahllast
Zu zahlender Umsatzsteuer-Betrag nach Abzug der Vorsteuer von der Traglast

Vorsteuer
Forderung gegenüber dem Finanzamt

Fazit 9

Dieses *essential* erhebt keinen Anspruch auf Vollständigkeit und ersetzt keinen Besuch beim steuerlichen Berater. Es soll einen verständlichen Einblick in die komplexe Vorschrift des § 13b UStG „Leistungsempfänger als Steuerschuldner" liefern.

Was Sie aus dieser Lektüre mitnehmen können:

- Überblick hinsichtlich gesetzlicher Aufbau des § 13b UStG
- Sinn und Zweck der Vorschrift
- Beispielsfälle für die Anwendung der Vorschrift
- Relevante Hinweise im Umsatzsteuer-Anwendungserlass
- Einbindung dieser Vorschrift in das inländische System der Umsatzsteuer
- Vorsteuerabzug bei Reverse-Charge
- Rechnungserteilung – auch bei fehlendem Hinweis auf „Reverse Charge"

© Springer Fachmedien Wiesbaden GmbH 2017
K. Nickenig, *Umkehrung der Steuerschuldnerschaft*, essentials,
DOI 10.1007/978-3-658-18362-2_9

Was Sie aus diesem *essential* mitnehmen können

- Überblick zur komplexen Vorschrift des § 13b UStG
- Zahlreiche Beispiele
- Hintergrundinformationen/Erläuterungen zum Verständnis

© Springer Fachmedien Wiesbaden GmbH 2017

K. Nickenig, *Umkehrung der Steuerschuldnerschaft*, essentials,

DOI 10.1007/978-3-658-18362-2

Literatur

1. https://www.destatis.de/DE/PresseService/Presse/Pressemitteilungen/2017/02/PD17_058_733.html; Abrufdatum: 28.03.2017
2. http://www.gesetze-im-internet.de/ustg_1980/__13b.html; Abrufdatum: 29.03.2017
3. http://www.gesetze-im-internet.de/ustg_1980/__3a.html; Abrufdatum: 29.03.2017
4. http://www.gesetze-im-internet.de/ustg_1980/__3.html; Abrufdatum: 29.03.2017
5. http://www.gesetze-im-internet.de/ustg_1980/__1.html; Abrufdatum: 29.03.2017
6. http://www.gesetze-im-internet.de/ustg_1980/__14a.html; Abrufdatum: 29.03.2017
7. http://www.bundesfinanzministerium.de/Web/DE/Themen/Steuern/Steuerarten/Umsatzsteuer/Umsatzsteuer_Anwendungserlass/umsatzsteuer_anwendungserlass.html; in Anlehnung an: Abschn. 13b.1 Abs. 2 Satz 1 Nr. 2 UStAE; (Fassung vom 21.03.2017)
8. http://www.bundesfinanzministerium.de/Web/DE/Themen/Steuern/Steuerarten/Umsatzsteuer/Umsatzsteuer_Anwendungserlass/umsatzsteuer_anwendungserlass.html; in Anlehnung an: Abschn. 13b.1 Abs. 2 Satz 1 Nr. 3 UStAE; (Fassung vom 21.03.2017)
9. http://www.bundesfinanzministerium.de/Web/DE/Themen/Steuern/Steuerarten/Umsatzsteuer/Umsatzsteuer_Anwendungserlass/umsatzsteuer_anwendungserlass.html; in Anlehnung an: Abschn. 13b.1 Abs. 2 Satz 1 Nr. 4 UStAE; (Fassung vom 21.03.2017)

© Springer Fachmedien Wiesbaden GmbH 2017   39
K. Nickenig, *Umkehrung der Steuerschuldnerschaft,* essentials,
DOI 10.1007/978-3-658-18362-2

10. http://www.bundesfinanzministerium.de/Web/DE/Themen/Steuern/Steuer-arten/Umsatzsteuer/Umsatzsteuer_Anwendungserlass/umsatzsteuer_anwendungserlass.html; in Anlehnung an: Abschn. 13b.1 Abs. 2 Satz 1 Nr. 5 UStAE; (Fassung vom 21.03.2017)

11. https://www.gesetze-im-internet.de/ustg_1980/__3g.html; Abrufdatum: 02.04.2017

12. Siehe auch: http://www.bundesfinanzministerium.de/Web/DE/Themen/Steuern/Steuerarten/Umsatzsteuer/Umsatzsteuer_Anwendungserlass/umsatzsteuer_anwendungserlass.html; Abschn. 13b.3a Abs. 1 Satz 1 UStAE; (Fassung vom 21.03.2017)

13. Siehe auch: http://www.bundesfinanzministerium.de/Web/DE/Themen/Steuern/Steuerarten/Umsatzsteuer/Umsatzsteuer_Anwendungserlass/umsatzsteuer_anwendungserlass.html; Abschn. 13b.3a Abs. 2 Satz 1 UStAE; (Fassung vom 21.03.2017)

14. http://www.gesetze-im-internet.de/tehg_2011/__3.html; Abrufdatum: 02.04.2017

15. http://www.gesetze-im-internet.de/ustg_1980/anlage_3.html; Abrufdatum: 02.04.2017

16. http://www.bundesfinanzministerium.de/Web/DE/Themen/Steuern/Steuer-arten/Umsatzsteuer/Umsatzsteuer_Anwendungserlass/umsatzsteuer_anwendungserlass.html; in Anlehnung an: Abschn. 13b.5 Abs. 2 Nr. 2 S. 1 UStAE; (Fassung vom 21.03.2017)

17. http://www.bundesfinanzministerium.de/Web/DE/Themen/Steuern/Steuer-arten/Umsatzsteuer/Umsatzsteuer_Anwendungserlass/umsatzsteuer_anwendungserlass.html; in Anlehnung an: Beispiel in Abschn. 13b.6 Abs. 1 UStAE; (Fassung vom 21.03.2017)

18. https://www.gesetze-im-internet.de/ustg_1980/__25c.html; Abrufdatum: 02.04.2017

19. Siehe auch: http://www.bundesfinanzministerium.de/Web/DE/Themen/Steuern/Steuerarten/Umsatzsteuer/Umsatzsteuer_Anwendungserlass/umsatzsteuer_anwendungserlass.html; Abschn. 13b.7 Abs. 1 UStAE; (Fassung vom 21.03.2017)

20. Siehe auch: http://www.bundesfinanzministerium.de/Web/DE/Themen/Steuern/Steuerarten/Umsatzsteuer/Umsatzsteuer_Anwendungserlass/umsatzsteuer_anwendungserlass.html; Abschn. 13b.7 Abs. 1 S. 4 f UStAE; (Fassung vom 21.03.2017)

21. https://www.gesetze-im-internet.de/ustg_1980/__13.html; Abrufdatum: 02.04.2017

22. http://www.bundesfinanzministerium.de/Web/DE/Themen/Steuern/Steuerarten/Umsatzsteuer/Umsatzsteuer_Anwendungserlass/umsatzsteuer_anwendungserlass.html; Abschn. 13b.12 Abs. 3 S. 2 UStAE; (Fassung vom 21.03.2017)

23. https://www.gesetze-im-internet.de/ustg_1980/__25b.html; Abrufdatum: 07.04.2017

24. https://www.gesetze-im-internet.de/ustg_1980/__16.html; Abrufdatum: 07.04.2017

25. https://www.gesetze-im-internet.de/ustg_1980/__19.html; Abrufdatum: 07.04.2017

26. https://www.gesetze-im-internet.de/ustg_1980/__24.html; Abrufdatum: 07.04.2017

27. http://www.bundesfinanzministerium.de/Web/DE/Themen/Steuern/Steuerarten/Umsatzsteuer/Umsatzsteuer_Anwendungserlass/umsatzsteuer_anwendungserlass.html; Abschnitt 13b.13 (1) i. V. m. Abschnitt 10.1 Abs. 7 Sätze 6 und 7; Abrufdatum: 07.04.2017

28. https://www.gesetze-im-internet.de/ustg_1980/__12.html; Abrufdatum: 07.04.2017

29. https://www.gesetze-im-internet.de/ustg_1980/__17.html; Abrufdatum: 07.04.2017

30. https://www.gesetze-im-internet.de/ustg_1980/__14.html; Abrufdatum:07.04.2017

31. https://www.gesetze-im-internet.de/ustg_1980/__14c.html; Abrufdatum: 07.04.2017

32. https://www.gesetze-im-internet.de/ustg_1980/__15.html; Abrufdatum: 07.04.2017

Lesen Sie hier weiter

Karin Nickenig

Praxislehrbuch Steuerrecht
Schneller Einstieg
in die gesetzlichen Grundlagen

2. Auflage 2017, XV, S. 131, 5 Abb.
Softcover: € 24,99
ISBN: 978-3-658-11658-3

Änderungen vorbehalten.
Erhältlich im Buchhandel oder beim Verlag.

· Einfach portofrei bestellen:
leserservice@springer.com
tel +49 (0)6221 345-4301
springer.com

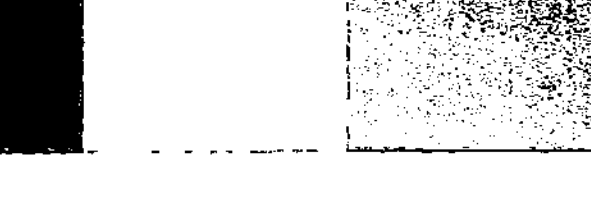